Fishing Log

Location:_____ Date:_____
Location Details: _____
_____
Companions:_____
Water Temp:_____ Air Temp:_____
Hours Fished:_____ Wind Direction:_____
WInd Speed:_____ Humidity:_____

Weather ☼ ⚡ _____
Moon Phase:_____
Tide Phase:_____
Notes:_____

Species:	Bait:	Length:	Weight:	Time:

Other Notes:

Other Notes:

Other Notes:

Other Notes:

Fishing Log

Location: _____ Date: _____
Location Details: _____
_____
Companions: _____
Water Temp: _____ Air Temp: _____
Hours Fished: _____ Wind Direction: _____
Wind Speed: _____ Humidity: _____

Weather: _____
Moon Phase: _____
Tide Phase: _____
Notes: _____

Species:	Bait:	Length:	Weight:	Time:

Other Notes:

Other Notes:

Other Notes:

Other Notes:

Fishing Log

Location:_____ Date:_____
Location Details: _____
_____
Companions:_____
Water Temp:_____ Air Temp:_____
Hours Fished:_____ Wind Direction:_____
Wind Speed:_____ Humidity:_____

Weather ☼ ⚡ _____
Moon Phase:_____
Tide Phase:_____
Notes:_____

Species:	Bait:	Length:	Weight:	Time:

Other Notes:

Other Notes:

Other Notes:

Other Notes:

Fishing Log

Location:_____ Date:_____
Location Details: _____
_____
Companions:_____
Water Temp:_____ Air Temp:_____
Hours Fished:_____ Wind Direction:_____
Wind Speed:_____ Humidity:_____

Weather ☀ ⚡ _____
Moon Phase:_____
Tide Phase:_____
Notes:_____

Species:	Bait:	Length:	Weight:	Time:
Other Notes:				
Other Notes:				
Other Notes:				
Other Notes:				

Fishing Log

Location:_____ Date:_____
Location Details: _____
_____
Companions:_____
Water Temp:_____ Air Temp:_____
Hours Fished:_____ Wind Direction:_____
Wind Speed:_____ Humidity:_____

Weather ☀️⚡ _____
Moon Phase:_____
Tide Phase:_____
Notes:_____

Species:	Bait:	Length:	Weight:	Time:

Other Notes:

Other Notes:

Other Notes:

Other Notes:

Fishing Log

Location:_____ Date:_____
Location Details: _____
_____
Companions:_____
Water Temp:_____ Air Temp:_____
Hours Fished:_____ Wind Direction:_____
Wind Speed:_____ Humidity:_____

Weather _____
Moon Phase:_____
Tide Phase:_____
Notes:_____

Species:	Bait:	Length:	Weight:	Time:

Other Notes:

| | | | | |

Other Notes:

| | | | | |

Other Notes:

| | | | | |

Other Notes:

| | | | | |

Fishing Log

Location:_____ Date:_____
Location Details: _____
_____
Companions:_____
Water Temp:_____ Air Temp:_____
Hours Fished:_____ Wind Direction:_____
Wind Speed:_____ Humidity:_____

Weather ☼ ⚡ _____
Moon Phase: _____
Tide Phase: _____
Notes: _____

Species:	Bait:	Length:	Weight:	Time:

Other Notes:

Other Notes:

Other Notes:

Other Notes:

Fishing Log

Location:_____ Date:_____
Location Details: _____
_____
Companions:_____
Water Temp:_____ Air Temp:_____
Hours Fished:_____ Wind Direction:_____
WInd Speed:_____ Humidity:_____

Weather ☀ ⚡ _____
Moon Phase:_____
Tide Phase:_____
Notes:_____

Species:	Bait:	Length:	Weight:	Time:
Other Notes:				
Other Notes:				
Other Notes:				
Other Notes:				

Fishing Log

Location:_____ Date:_____
Location Details: _____
_____
Companions:_____
Water Temp:_____ Air Temp:_____
Hours Fished:_____ Wind Direction:_____
Wind Speed:_____ Humidity:_____

Weather ☀⚡ _____
Moon Phase:_____
Tide Phase:_____
Notes:_____

Species:	Bait:	Length:	Weight:	Time:

Other Notes:

Other Notes:

Other Notes:

Other Notes:

Fishing Log

Location:_____ Date:_____
Location Details: _____
_____
Companions:_____
Water Temp:_____ Air Temp:_____
Hours Fished:_____ Wind Direction:_____
Wind Speed:_____ Humidity:_____

Weather ☀ ⚡ _____
Moon Phase:_____
Tide Phase:_____
Notes:_____

Species:	Bait:	Length:	Weight:	Time:
Other Notes:				
Other Notes:				
Other Notes:				
Other Notes:				

Fishing Log

Location:_____ Date:_____
Location Details: _____
_____
Companions:_____
Water Temp:_____ Air Temp:_____
Hours Fished:_____ Wind Direction:_____
Wind Speed:_____ Humidity:_____

Weather ☼ ⚡ _____
Moon Phase:_____
Tide Phase:_____
Notes:_____

Species:	Bait:	Length:	Weight:	Time:

Other Notes:

Other Notes:

Other Notes:

Other Notes:

Fishing Log

Location:_____ Date:_____
Location Details: _____
_____
Companions:_____
Water Temp:_____ Air Temp:_____
Hours Fished:_____ Wind Direction:_____
Wlnd Speed:_____ Humidity:_____

Weather ☼ ⚡ _____
Moon Phase:_____
Tide Phase:_____
Notes:_____

Species:	Bait:	Length:	Weight:	Time:
Other Notes:				
Other Notes:				
Other Notes:				
Other Notes:				

Fishing Log

Location:_____ Date:_____
Location Details: _____
_____
Companions:_____
Water Temp:_____ Air Temp:_____
Hours Fished:_____ Wind Direction:_____
Wind Speed:_____ Humidity:_____

Weather ☼ ⚡ _____
Moon Phase:_____
Tide Phase:_____
Notes:_____

Species:	Bait:	Length:	Weight:	Time:

Other Notes:

Other Notes:

Other Notes:

Other Notes:

Fishing Log

Location:_____ Date:_____
Location Details: _____
_____
Companions:_____
Water Temp:_____ Air Temp:_____
Hours Fished:_____ Wind Direction:_____
Wind Speed:_____ Humidity:_____

Weather _____
Moon Phase:_____
Tide Phase:_____
Notes:_____

Species:	Bait:	Length:	Weight:	Time:

Other Notes:

Other Notes:

Other Notes:

Other Notes:

Fishing Log

Location:_____ Date:_____
Location Details: _____
_____
Companions:_____
Water Temp:_____ Air Temp:_____
Hours Fished:_____ Wind Direction:_____
Wind Speed:_____ Humidity:_____

Weather ☀️⚡ _____
Moon Phase:_____
Tide Phase:_____
Notes:_____

Species:	Bait:	Length:	Weight:	Time:

Other Notes:

Other Notes:

Other Notes:

Other Notes:

Fishing Log

Location:_____ Date:_____
Location Details: _____
_____
Companions:_____
Water Temp:_____ Air Temp:_____
Hours Fished:_____ Wind Direction:_____
Wind Speed:_____ Humidity:_____

Weather ☼ ⚡ _____
Moon Phase:_____
Tide Phase:_____
Notes:_____

Species:	Bait:	Length:	Weight:	Time:

Other Notes:

Other Notes:

Other Notes:

Other Notes:

Fishing Log

Location:_____ Date:_____
Location Details: _____
_____
Companions:_____
Water Temp:_____ Air Temp:_____
Hours Fished:_____ Wind Direction:_____
Wind Speed:_____ Humidity:_____

Weather ☀⚡ _____
Moon Phase:_____
Tide Phase:_____
Notes:_____

Species:	Bait:	Length:	Weight:	Time:

Other Notes:

Other Notes:

Other Notes:

Other Notes:

Fishing Log

Location:_____ Date:_____
Location Details: _____
_____
Companions:_____
Water Temp:_____ Air Temp:_____
Hours Fished:_____ Wind Direction:_____
Wind Speed:_____ Humidity:_____

Weather ☼ ⚡ _____
Moon Phase:_____
Tide Phase:_____
Notes:_____

Species:	Bait:	Length:	Weight:	Time:

Other Notes:

Other Notes:

Other Notes:

Other Notes:

Fishing Log

Location:_____ Date:_____
Location Details: _____
_____
Companions:_____
Water Temp:_____ Air Temp:_____
Hours Fished:_____ Wind Direction:_____
Wind Speed:_____ Humidity:_____

Weather ☼ ⚡ _____
Moon Phase:_____
Tide Phase:_____
Notes:_____

Species:	Bait:	Length:	Weight:	Time:
Other Notes:				
Other Notes:				
Other Notes:				
Other Notes:				

Fishing Log

Location:_____ Date:_____
Location Details: _____
_____
Companions:_____
Water Temp:_____ Air Temp:_____
Hours Fished:_____ Wind Direction:_____
Wind Speed:_____ Humidity:_____

Weather ☀⚡ _____
Moon Phase:_____
Tide Phase:_____
Notes:_____

Species:	Bait:	Length:	Weight:	Time:

Other Notes:

Other Notes:

Other Notes:

Other Notes:

Fishing Log

Location:_____ Date:_____
Location Details: _____
_____
Companions:_____
Water Temp:_____ Air Temp:_____
Hours Fished:_____ Wind Direction:_____
Wind Speed:_____ Humidity:_____

Weather ☀️⚡ _____
Moon Phase:_____
Tide Phase:_____
Notes:_____

Species:	Bait:	Length:	Weight:	Time:

Other Notes:

Other Notes:

Other Notes:

Other Notes:

Fishing Log

Location:_____ Date:_____
Location Details: _____
_____
Companions:_____
Water Temp:_____ Air Temp:_____
Hours Fished:_____ Wind Direction:_____
Wind Speed:_____ Humidity:_____

Weather _____
Moon Phase:_____
Tide Phase:_____
Notes:_____

Species:	Bait:	Length:	Weight:	Time:
Other Notes:				
Other Notes:				
Other Notes:				
Other Notes:				

Fishing Log

Location:_____ Date:_____
Location Details: _____
_____
Companions:_____
Water Temp:_____ Air Temp:_____
Hours Fished:_____ Wind Direction:_____
Wind Speed:_____ Humidity:_____

Weather ☀️⚡ _____
Moon Phase:_____
Tide Phase:_____
Notes:_____

Species:	Bait:	Length:	Weight:	Time:

Other Notes:

Other Notes:

Other Notes:

Other Notes:

Fishing Log

Location:_____ Date:_____

Location Details: _____
_____

Companions:_____
Water Temp:_____ Air Temp:_____
Hours Fished:_____ Wind Direction:_____
Wind Speed:_____ Humidity:_____

Weather ☀⚡ _____
Moon Phase:_____
Tide Phase:_____
Notes:_____

Species:	Bait:	Length:	Weight:	Time:

Other Notes:

Other Notes:

Other Notes:

Other Notes:

Fishing Log

Location:_____ Date:_____
Location Details: _____
_____
Companions:_____
Water Temp:_____ Air Temp:_____
Hours Fished:_____ Wind Direction:_____
Wind Speed:_____ Humidity:_____

Weather ☀️⚡ _____
Moon Phase:_____
Tide Phase:_____
Notes:_____

Species:	Bait:	Length:	Weight:	Time:

Other Notes:

Other Notes:

Other Notes:

Other Notes:

Fishing Log

Location:_____ Date:_____
Location Details: _____
_____
Companions:_____
Water Temp:_____ Air Temp:_____
Hours Fished:_____ Wind Direction:_____
Wind Speed:_____ Humidity:_____

Weather ☀ ⚡ _____
Moon Phase:_____
Tide Phase:_____
Notes:_____

Species:	Bait:	Length:	Weight:	Time:

Other Notes:

Other Notes:

Other Notes:

Other Notes:

Fishing Log

Location:_____ Date:_____

Location Details: _____
_____

Companions:_____
Water Temp:_____ Air Temp:_____
Hours Fished:_____ Wind Direction:_____
Wind Speed:_____ Humidity:_____

Weather ☼ ⚡ _____
Moon Phase:_____
Tide Phase:_____
Notes:_____

Species:	Bait:	Length:	Weight:	Time:

Other Notes:

Other Notes:

Other Notes:

Other Notes:

Fishing Log

Location:_____ Date:_____
Location Details: _____
_____
Companions:_____
Water Temp:_____ Air Temp:_____
Hours Fished:_____ Wind Direction:_____
Wind Speed:_____ Humidity:_____

Weather ☼ ⚡ _____
Moon Phase:_____
Tide Phase:_____
Notes:_____

Species:	Bait:	Length:	Weight:	Time:

Other Notes:

Other Notes:

Other Notes:

Other Notes:

Fishing Log

Location:_____ Date:_____
Location Details: _____
_____
Companions:_____
Water Temp:_____ Air Temp:_____
Hours Fished:_____ Wind Direction:_____
Wind Speed:_____ Humidity:_____

Weather ☀⚡ _____
Moon Phase:_____
Tide Phase:_____
Notes:_____

Species:	Bait:	Length:	Weight:	Time:

Other Notes:

Other Notes:

Other Notes:

Other Notes:

Fishing Log

Location:_____ Date:_____
Location Details: _____
_____
Companions:_____
Water Temp:_____ Air Temp:_____
Hours Fished:_____ Wind Direction:_____
Wind Speed:_____ Humidity:_____

Weather ☀ ⚡ _____
Moon Phase:_____
Tide Phase:_____
Notes:_____

Species:	Bait:	Length:	Weight:	Time:

Other Notes:

Other Notes:

Other Notes:

Other Notes:

Fishing Log

Location:_____ Date:_____
Location Details: _____
_____
Companions:_____
Water Temp:_____ Air Temp:_____
Hours Fished:_____ Wind Direction:_____
Wind Speed:_____ Humidity:_____

Weather ☀️⚡ _____
Moon Phase:_____
Tide Phase:_____
Notes:_____

Species:	Bait:	Length:	Weight:	Time:

Other Notes:

Other Notes:

Other Notes:

Other Notes:

Fishing Log

Location:_____ Date:_____

Location Details: _____
_____

Companions:_____

Water Temp:_____ Air Temp:_____

Hours Fished:_____ Wind Direction:_____

Wind Speed:_____ Humidity:_____

Weather _____

Moon Phase:_____

Tide Phase:_____

Notes:_____

Species:	Bait:	Length:	Weight:	Time:

Other Notes:

Other Notes:

Other Notes:

Other Notes:

Fishing Log

Location:_____ Date:_____
Location Details: _____
_____
Companions:_____
Water Temp:_____ Air Temp:_____
Hours Fished:_____ Wind Direction:_____
Wind Speed:_____ Humidity:_____

Weather ☀️⚡ _____
Moon Phase:_____
Tide Phase:_____
Notes:_____

Species:	Bait:	Length:	Weight:	Time:

Other Notes:

Other Notes:

Other Notes:

Other Notes:

Fishing Log

Location:_____ Date:_____
Location Details: _____
_____
Companions:_____
Water Temp:_____ Air Temp:_____
Hours Fished:_____ Wind Direction:_____
Wind Speed:_____ Humidity:_____

Weather _____
Moon Phase:_____
Tide Phase:_____
Notes:_____

Species:	Bait:	Length:	Weight:	Time:

Other Notes:

Other Notes:

Other Notes:

Other Notes:

Fishing Log

Location:_____ Date:_____
Location Details: _____
_____
Companions:_____
Water Temp:_____ Air Temp:_____
Hours Fished:_____ Wind Direction:_____
WInd Speed:_____ Humidity:_____

Weather ☼ ⚡ _____
Moon Phase:_____
Tide Phase:_____
Notes:_____

Species:	Bait:	Length:	Weight:	Time:

Other Notes:

Other Notes:

Other Notes:

Other Notes:

Fishing Log

Location:_____ Date:_____
Location Details: _____
_____
Companions:_____
Water Temp:_____ Air Temp:_____
Hours Fished:_____ Wind Direction:_____
Wind Speed:_____ Humidity:_____

Weather ☀ ⚡ _____
Moon Phase:_____
Tide Phase:_____
Notes:_____

Species:	Bait:	Length:	Weight:	Time:

Other Notes:

Other Notes:

Other Notes:

Other Notes:

Fishing Log

Location:_____ Date:_____
Location Details: _____
_____
Companions:_____
Water Temp:_____ Air Temp:_____
Hours Fished:_____ Wind Direction:_____
Wind Speed:_____ Humidity:_____

Weather ☀️⚡ _____
Moon Phase:_____
Tide Phase:_____
Notes:_____

Species:	Bait:	Length:	Weight:	Time:

Other Notes:

Other Notes:

Other Notes:

Other Notes:

Fishing Log

Location:_____ Date:_____
Location Details: _____
_____
Companions:_____
Water Temp:_____ Air Temp:_____
Hours Fished:_____ Wind Direction:_____
Wind Speed:_____ Humidity:_____

Weather ☀⚡ _____
Moon Phase:_____
Tide Phase:_____
Notes:_____

Species:	Bait:	Length:	Weight:	Time:

Other Notes:

Other Notes:

Other Notes:

Other Notes:

Fishing Log

Location:_____ Date:_____
Location Details: _____
_____
Companions:_____
Water Temp:_____ Air Temp:_____
Hours Fished:_____ Wind Direction:_____
Wind Speed:_____ Humidity:_____

Weather ☀️⚡ _____
Moon Phase:_____
Tide Phase:_____
Notes:_____

Species:	Bait:	Length:	Weight:	Time:

Other Notes:

Other Notes:

Other Notes:

Other Notes:

Fishing Log

Location:_____ Date:_____
Location Details: _____
_____
Companions:_____
Water Temp:_____ Air Temp:_____
Hours Fished:_____ Wind Direction:_____
WInd Speed:_____ Humidity:_____

Weather ☀️⚡ _____
Moon Phase:_____
Tide Phase:_____
Notes:_____

Species:	Bait:	Length:	Weight:	Time:
Other Notes:				
Other Notes:				
Other Notes:				
Other Notes:				

Fishing Log

Location:_____ Date:_____
Location Details: _____
_____
Companions:_____
Water Temp:_____ Air Temp:_____
Hours Fished:_____ Wind Direction:_____
Wind Speed:_____ Humidity:_____

Weather ☀⚡ _____
Moon Phase:_____
Tide Phase:_____
Notes:_____

Species:	Bait:	Length:	Weight:	Time:

Other Notes:

Other Notes:

Other Notes:

Other Notes:

Fishing Log

Location: _____ Date: _____
Location Details: _____
_____
Companions: _____
Water Temp: _____ Air Temp: _____
Hours Fished: _____ Wind Direction: _____
Wind Speed: _____ Humidity: _____

Weather ☀⚡ _____
Moon Phase: _____
Tide Phase: _____
Notes: _____

Species:	Bait:	Length:	Weight:	Time:

Other Notes:

Other Notes:

Other Notes:

Other Notes:

Fishing Log

Location:_____ Date:_____
Location Details: _____
_____
Companions:_____
Water Temp:_____ Air Temp:_____
Hours Fished:_____ Wind Direction:_____
Wind Speed:_____ Humidity:_____

Weather ☀️⚡ _____
Moon Phase:_____
Tide Phase:_____
Notes:_____

Species:	Bait:	Length:	Weight:	Time:

Other Notes:

Other Notes:

Other Notes:

Other Notes:

Fishing Log

Location:_____ Date:_____
Location Details: _____
_____
Companions:_____
Water Temp:_____ Air Temp:_____
Hours Fished:_____ Wind Direction:_____
Wind Speed:_____ Humidity:_____

Weather ☀⚡ _____
Moon Phase:_____
Tide Phase:_____
Notes:_____

Species:	Bait:	Length:	Weight:	Time:

Other Notes:

Other Notes:

Other Notes:

Other Notes:

Fishing Log

Location:_____ Date:_____
Location Details: _____
_____
Companions:_____
Water Temp:_____ Air Temp:_____
Hours Fished:_____ Wind Direction:_____
Wind Speed:_____ Humidity:_____

Weather ☀️⚡ _____
Moon Phase:_____
Tide Phase:_____
Notes:_____

Species:	Bait:	Length:	Weight:	Time:

Other Notes:

Other Notes:

Other Notes:

Other Notes:

Fishing Log

Location:_____ Date:_____
Location Details: _____
_____
Companions:_____
Water Temp:_____ Air Temp:_____
Hours Fished:_____ Wind Direction:_____
Wind Speed:_____ Humidity:_____

Weather ☀⚡ _____
Moon Phase:_____
Tide Phase:_____
Notes:_____

Species:	Bait:	Length:	Weight:	Time:
Other Notes:				
Other Notes:				
Other Notes:				
Other Notes:				

Fishing Log

Location:_____ Date:_____
Location Details: _____
_____
Companions:_____
Water Temp:_____ Air Temp:_____
Hours Fished:_____ Wind Direction:_____
Wind Speed:_____ Humidity:_____

Weather ☀ ⚡ _____
Moon Phase:_____
Tide Phase:_____
Notes:_____

Species:	Bait:	Length:	Weight:	Time:

Other Notes:

Other Notes:

Other Notes:

Other Notes:

Fishing Log

Location:_____ Date:_____
Location Details: _____
_____
Companions:_____
Water Temp:_____ Air Temp:_____
Hours Fished:_____ Wind Direction:_____
Wind Speed:_____ Humidity:_____

Weather ☼ ⚡ _____
Moon Phase:_____
Tide Phase:_____
Notes:_____

Species:	Bait:	Length:	Weight:	Time:

Other Notes:

Other Notes:

Other Notes:

Other Notes:

Fishing Log

Location:_____ Date:_____
Location Details: _____
_____
Companions:_____
Water Temp:_____ Air Temp:_____
Hours Fished:_____ Wind Direction:_____
Wind Speed:_____ Humidity:_____

Weather ☀⚡ _____
Moon Phase:_____
Tide Phase:_____
Notes:_____

Species:	Bait:	Length:	Weight:	Time:

Other Notes:

Other Notes:

Other Notes:

Other Notes:

Fishing Log

Location:_____ Date:_____
Location Details: _____
_____
Companions:_____
Water Temp:_____ Air Temp:_____
Hours Fished:_____ Wind Direction:_____
Wind Speed:_____ Humidity:_____

Weather _____
Moon Phase:_____
Tide Phase:_____
Notes:_____

Species:	Bait:	Length:	Weight:	Time:

Other Notes:

| | | | | |

Other Notes:

| | | | | |

Other Notes:

| | | | | |

Other Notes:

| | | | | |

Fishing Log

Location:_____ Date:_____
Location Details: _____
_____
Companions:_____
Water Temp:_____ Air Temp:_____
Hours Fished:_____ Wind Direction:_____
Wind Speed:_____ Humidity:_____

Weather ☀⚡ _____
Moon Phase:_____
Tide Phase:_____
Notes:_____

Species:	Bait:	Length:	Weight:	Time:

Other Notes:

Other Notes:

Other Notes:

Other Notes:

Fishing Log

Location:_____ Date:_____
Location Details: _____
_____
Companions:_____
Water Temp:_____ Air Temp:_____
Hours Fished:_____ Wind Direction:_____
Wlnd Speed:_____ Humidity:_____

Weather ☼ ⚡ _____
Moon Phase:_____
Tide Phase:_____
Notes:_____

Species:	Bait:	Length:	Weight:	Time:

Other Notes:

Other Notes:

Other Notes:

Other Notes:

Fishing Log

Location:_____ Date:_____
Location Details: _____
_____
Companions:_____
Water Temp:_____ Air Temp:_____
Hours Fished:_____ Wind Direction:_____
Wind Speed:_____ Humidity:_____

Weather ☀️⚡ _____
Moon Phase:_____
Tide Phase:_____
Notes:_____

Species:	Bait:	Length:	Weight:	Time:

Other Notes:

Other Notes:

Other Notes:

Other Notes:

Fishing Log

Location:_____ Date:_____
Location Details: _____
_____
Companions:_____
Water Temp:_____ Air Temp:_____
Hours Fished:_____ Wind Direction:_____
WInd Speed:_____ Humidity:_____

Weather ☼ ⚡ _____
Moon Phase:_____
Tide Phase:_____
Notes:_____

Species:	Bait:	Length:	Weight:	Time:

Other Notes:

Other Notes:

Other Notes:

Other Notes:

Fishing Log

Location:_____ Date:_____
Location Details: _____
_____
Companions:_____
Water Temp:_____ Air Temp:_____
Hours Fished:_____ Wind Direction:_____
Wind Speed:_____ Humidity:_____

Weather ☀⚡ _____
Moon Phase:_____
Tide Phase:_____
Notes:_____

Species:	Bait:	Length:	Weight:	Time:

Other Notes:

Other Notes:

Other Notes:

Other Notes:

Fishing Log

Location:_____ Date:_____
Location Details: _____
_____
Companions:_____
Water Temp:_____ Air Temp:_____
Hours Fished:_____ Wind Direction:_____
Wind Speed:_____ Humidity:_____

Weather ☀ ⚡ _____
Moon Phase:_____
Tide Phase:_____
Notes:_____

Species:	Bait:	Length:	Weight:	Time:

Other Notes:

Other Notes:

Other Notes:

Other Notes:

Fishing Log

Location:_____ Date:_____
Location Details: _____
_____
Companions:_____
Water Temp:_____ Air Temp:_____
Hours Fished:_____ Wind Direction:_____
WInd Speed:_____ Humidity:_____

Weather ☼ ⚡ _____
Moon Phase:_____
Tide Phase:_____
Notes:_____

Species:	Bait:	Length:	Weight:	Time:

Other Notes:

Other Notes:

Other Notes:

Other Notes:

Fishing Log

Location:_____ Date:_____
Location Details: _____
_____
Companions:_____
Water Temp:_____ Air Temp:_____
Hours Fished:_____ Wind Direction:_____
Wind Speed:_____ Humidity:_____

Weather ☀️⚡ _____
Moon Phase:_____
Tide Phase:_____
Notes:_____

Species:	Bait:	Length:	Weight:	Time:

Other Notes:

Other Notes:

Other Notes:

Other Notes:

Fishing Log

Location:_____ Date:_____
Location Details: _____
_____
Companions:_____
Water Temp:_____ Air Temp:_____
Hours Fished:_____ Wind Direction:_____
Wind Speed:_____ Humidity:_____

Weather ☀️⚡ _____
Moon Phase:_____
Tide Phase:_____
Notes:_____

Species:	Bait:	Length:	Weight:	Time:

Other Notes:

Other Notes:

Other Notes:

Other Notes:

Fishing Log

Location:_____ Date:_____
Location Details: _____
_____
Companions:_____
Water Temp:_____ Air Temp:_____
Hours Fished:_____ Wind Direction:_____
Wind Speed:_____ Humidity:_____

Weather _____
Moon Phase:_____
Tide Phase:_____
Notes:_____

Species:	Bait:	Length:	Weight:	Time:

Other Notes:

Other Notes:

Other Notes:

Other Notes:

www.ingramcontent.com/pod-product-compliance
Lightning Source LLC
LaVergne TN
LVHW012115070526
838202LV00056B/5741